吴昌硕篆書唐詩三種

名家篆書叢帖

孫寶文编

上海辭書出版社

月落烏啼霜滿天，江楓漁火對愁眠。姑蘇城外寒山寺，夜半鐘聲到客船。

頫宫先生雅屬

癸亥秋

八十老人吳昌碩

月落烏㖔

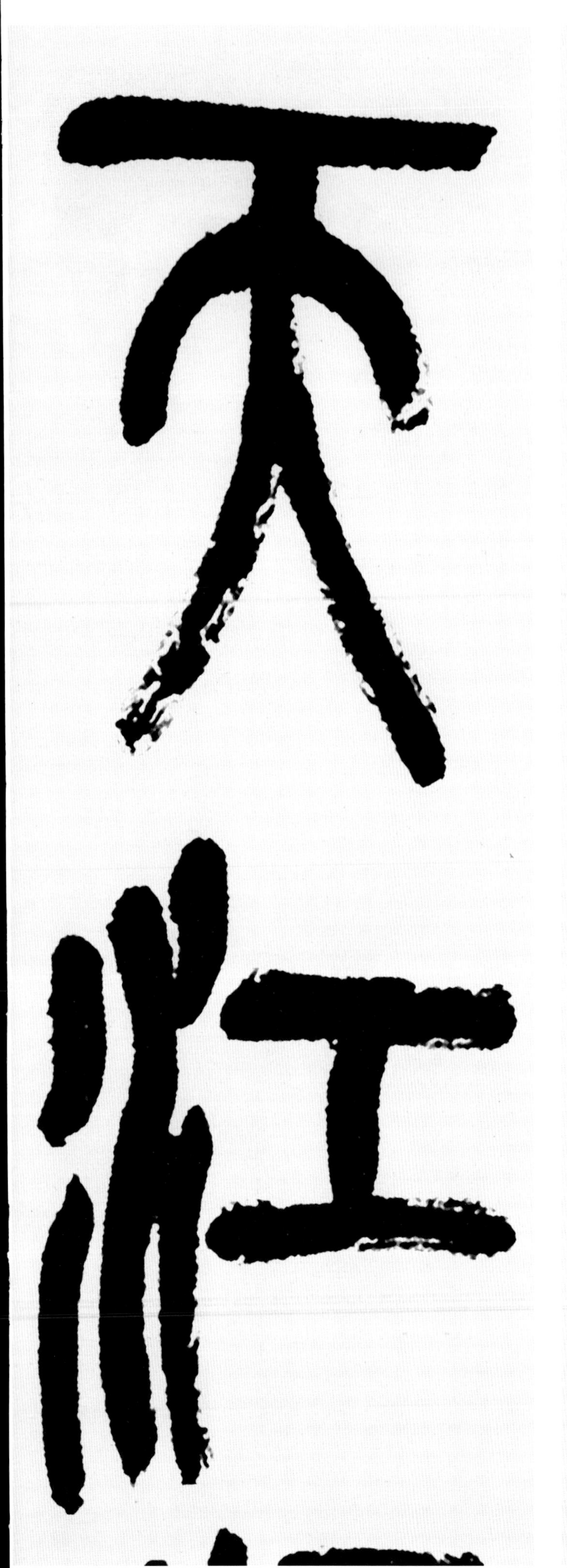

霜滿天江

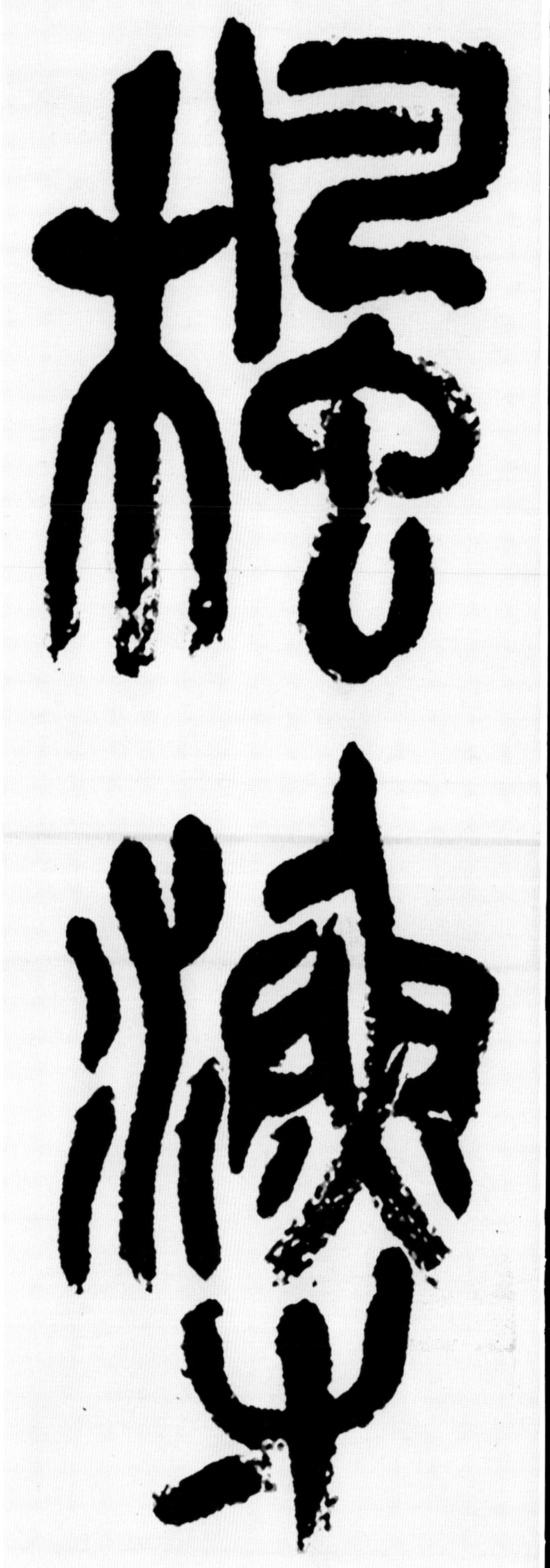

楓漁火對

愁瞑始蘇

聲到客船

蝢宫先生雅屬 癸亥秋 八十老人吴昌碩

折戟沉沙鐵未銷自將磨
洗認前朝東風不與周郎
便銅雀春深鎖二喬

唐杜牧詩

己未夏 吳昌碩

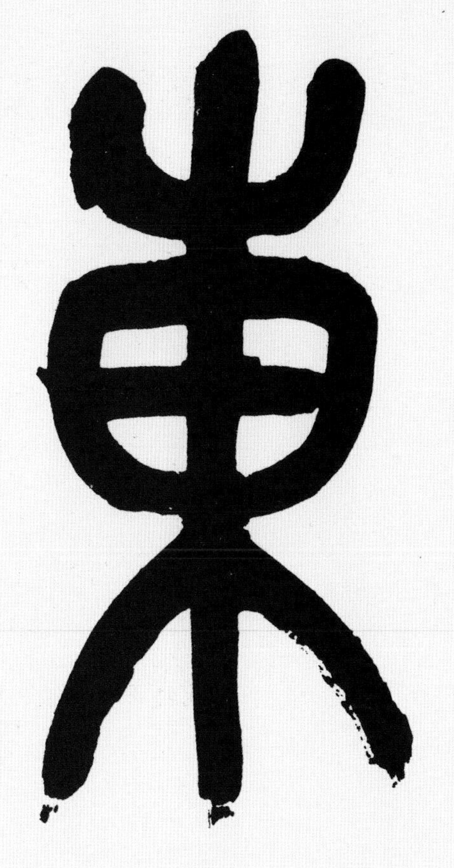

唐杜牧詩　己未夏　吴昌碩

荊山已去華山來，日照潼關四扇開。刺史莫辭迎候遠，相公新破蔡州回。

錄昌黎詩

丙辰孟冬之月客海上禪甓軒，七十三叟吳昌碩

荆山已去

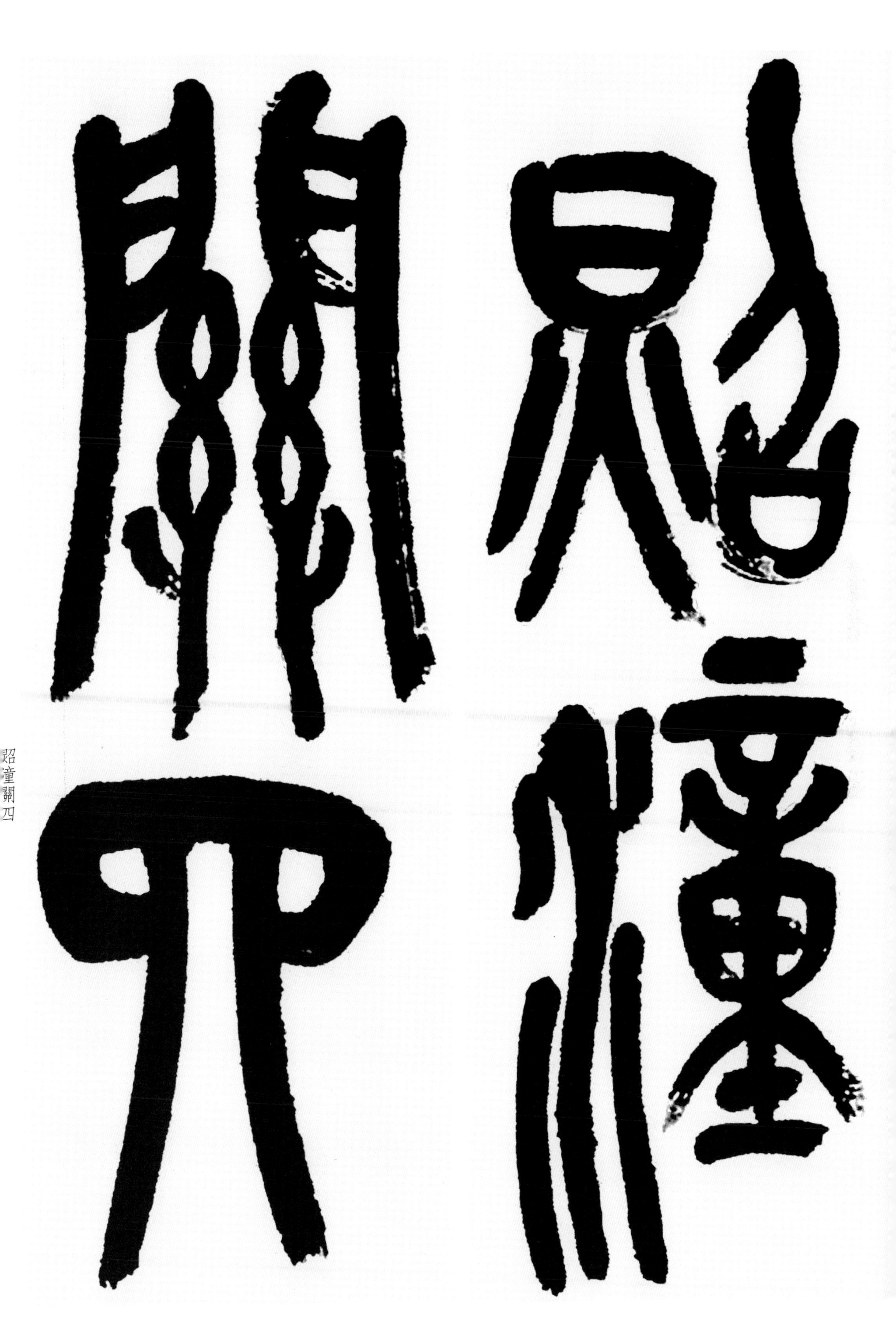

迢潼關四

扇開刺吏

莫辞迎侯

述相以新

陂蔡州回

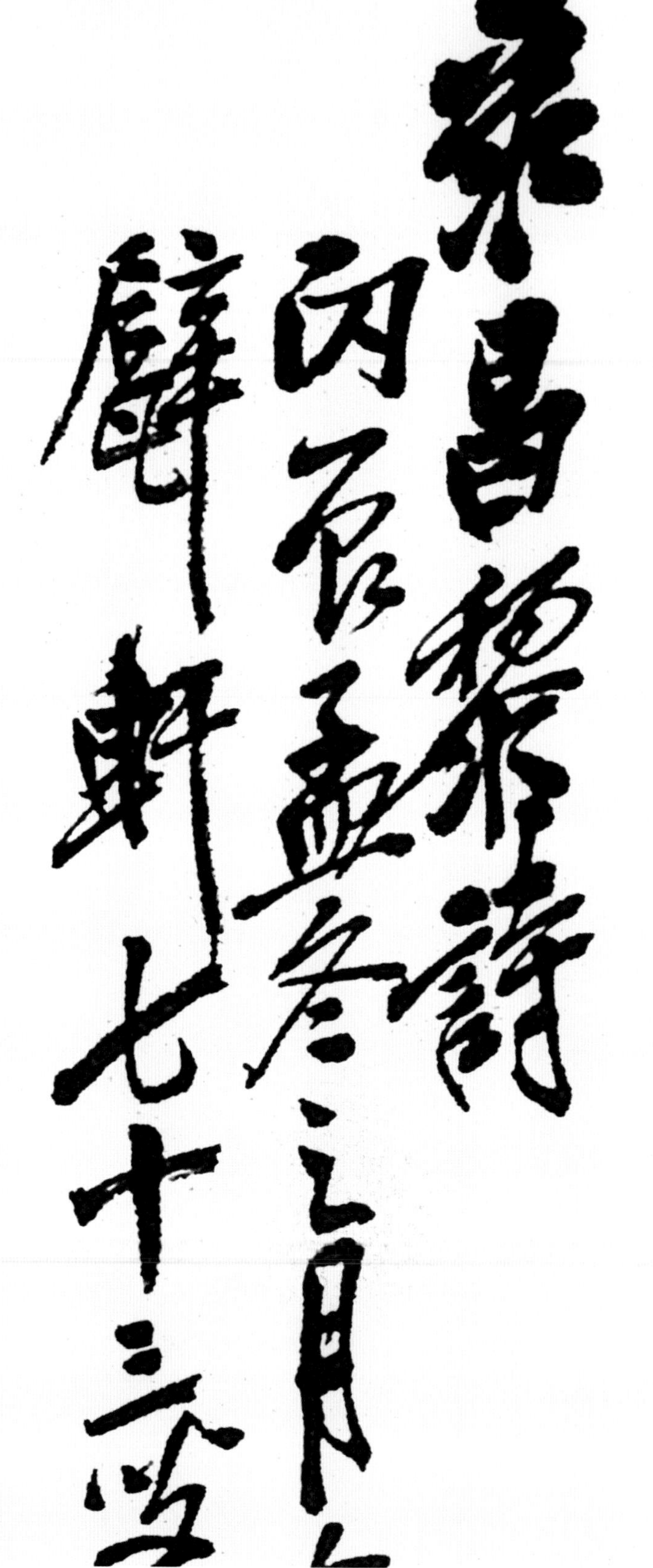

录昌黎詩　丙辰孟冬之月客海上禪甓軒七十三叟吳昌碩